George Augustin / M. Gottfried Büchner

Barmherzigkeit

wie sie die Bibel bekennt

Impressum: **Barmherzigkeit**

wie sie die Bibel bekennt

von George Augustin / M. Gottfried Büchner

3. Auflage 1. Febuar 2022

Hrsg.:   Hans-Jürgen Sträter

Herstellung und Verlag:BoD Books on Demand, Norderstedt

ISBN: 978-3-755782-85-8

Coverfoto: Der barmherzige Samariter. In: Hans Geller:
Ein Jünger der "göttlichen Kunst".
Das Lebensbild des Nazareners
Adolf Zimmermann (1799–1859).
In: Neues Lausitzisches Magazin, Band 110
(1934), S. 171-229 und Anhang
aus Wikimedia commons

Mut!

Gib Deiner Zeit

Barmherzigkeit!

Liebe macht Sinn,

wag und gewinn,

lebe sie heut,

trotze dem Leid –

Dein Mut erfreut!

Hans-Jürgen Sträter

Inhalt

Pater George Augustin, Kardinal Walter Kasper und Hans-Jürgen Sträter am 21. Mai 2016 zum 10-jährigen Jubiläum des Kardinal Walter Kasper Institutes in Vallendar

Vorwort

Nach dem Matthäusevangelium, mit dem das Neue Testament beginnt, kritisiert Jesus seine engsten theologischen Verwandten und ärgsten theologischen Konkurrenten, die Pharisäer und Schriftgelehrten, dass sie in der Auslegung der Tora falsche Prioritäten setzten: Sie kümmerten sich um den Zehnten von Minze, Dill und Kümmel, ließen aber außer Acht, was den Schlüssel zum Ganzen bilde: „Gerechtigkeit, Barmherzigkeit und Glauben" (Mt 23,23). Die Gerechtigkeit ist die Treue Gottes zu seinen Verheißungen, dem Recht zum Sieg zu verhelfen; die Barmherzigkeit ist die Liebe Gottes zu seinen Geschöpfen, die Not leiden und Schuld auf sich laden; im Glauben wird Gottes Gerechtigkeit wie seine Barmherzigkeit angenommen und nachgeahmt – durch die Liebe zu Gott und zum Nächsten.

Diese jesuanische Hermeneutik des Gesetzes und damit der Bibel Israels kommt nicht von ungefähr. Sie nimmt den *cantus firmus* beider Testamente auf: dass Gottes höchste Gerechtigkeit in seiner Barmherzigkeit kulminiert, weil sie nicht an irdische Grenzen gebunden ist, sondern himmlische Weite erlangt, und dass seine Barmherzigkeit nicht ungerecht, sondern gerecht ist, weil sie durch Gnade selbst da noch Recht schaffen kann, wo ein brutales Unrechtsregime katastrophale Verhältnisse heraufgeführt hat.

Dass in der katholischen Kirche mit großem Echo ein „Jahr der Barmherzigkeit" ausgerufen worden ist, nimmt diesen Grundzug biblischer Theologie auf; es bejaht die Sehnsucht vieler Menschen, von Gott nicht verurteilt, sondern in aller Schwäche geliebt zu werden; es hat aber auch die dunkle Kehrseite einer kirchlichen Lehre und Praxis, die oft als ungerecht und unbarmherzig empfunden wird und dadurch zur großen Glaubwürdigkeitskrise wird, weil anscheinend Prinzipien wichtiger sind als Einzelfälle und Dogmen wichtiger als Personen. Von einem neutralen Standpunkt aus kann man zwar fragen, ob ein solcher Eindruck nicht vielfach vorurteilsbehaftet ist. Aber die unruhige Frage wird dadurch nicht beantwortet, wie glaubwürdig werden kann, dass, von Jesus her geurteilt, das erste Prinzip die Barmherzigkeit in ihrer Einheit mit der Gerechtigkeit und das erste Dogma die Inkarnation der Liebe Gottes in Jesus Christus ist.

George Augustin hat mit sicherem Gespür die missionarischen und katechetischen Chancen erkannt, die das Mega-Thema Barmherzigkeit birgt – nicht nur in einem „Jahr der Barmherzigkeit". Er ist dafür prädestiniert und hat daraus viel gemacht.

Er ist Schüler von Walter Kasper, der das Thema weit nach oben auf die Agenda der Katholischen Kirche geschoben und fest mit einem heißen Eisen der katholischen Moraltheologie verschmolzen hat: der Ehe und Familie.

Er ist von Haus ein Inder, der weiß, was es heißt, als kleine christliche Minderheit in einem gigantischen Vielvölkerstaat zu leben und eine traditionell geprägte Glaubenswelt mit der Globalisierung zu vernetzen.

Er arbeitet als Priesterseelsorger, der die Nöte der Seelsorger kennt, nicht nur die eigenen, die nicht selten mit dem Zölibat und der Sexualität zu tun haben, aber auch oft genug ganz tief in die Glaubensexistenz dringen, sondern nicht weniger die der Gläubigen, die in Deutschland kaum noch zur Beichte gehen, aber oft von

Sorgen zerfressen und von Schuldgefühlen zernagt, zuweilen aber auch von ihrem Erfolg aufgefressen werden.

George Augustin treibt seine eigene Theologie ganz nah an der Erfahrungswelt der Menschen, unter denen er lebt und für die er Priester und Professor sein will. Deshalb der Rückgriff auf die Bibel: nicht um exegetischer Detailgenauigkeit oder historischer Neugier willen, sondern um einen Eindruck von der großen Liebesgeschichte Gottes mit den Menschen zu gewinnen, die nicht aufhört, sondern weitergeschrieben wird.

Das Thema der Barmherzigkeit ist aktuell, aber nicht neu. Es ist in der katholischen Theologie der Gegenwart brisant, aber nicht nur hier. Deshalb ist es ein ökumenisches Zeichen, dass in diesem Buch ein Gespräch angebahnt wird, das Jahrhunderte, Konfessionen und Kontinente überspannt. M. Gottfried Büchner ist ein urdeutscher evangelischer Theologe des 18. Jahrhunderts, dessen „Biblische Real- und Verbal-Hand-Concordanz oder exegetisch-homiletisches Lexikon" äußerst beliebt gewesen ist, weil sie aus pastoralen Gründen biblische Theologie identifiziert hat.

Barmherzigkeit ist ein gesamtbiblisches, ein gesamtchristliches, ein gesamtmenschheitliches Thema. Es bleibt aktuell.

Thomas Söding

George Augustin

Barmherzigkeit
Neuentdeckung der christlichen Berufung

Die Botschaft der Barmherzigkeit steht im Zentrum der biblischen Offenbarung und sie bildet die Mitte der christlichen Berufung: „Seid barmherzig, wie es auch euer Vater ist!" (Lk 6,36). Barmherzigkeit ist die Mitte der christlichen Heilsbotschaft und das Grundgesetz des Christseins. Diese Botschaft ist aber nicht nur zentral für die Heilige Schrift, sondern Barmherzigkeit ist ein Begriff, der universal über die Grenzen der Nationen, Kulturen und Religionen hinweg verstanden wird. Barmherzigkeit ist eine Sprache des Herzens und als solche ist sie universal kommunikabel. Deshalb ist die Botschaft der Barmherzigkeit von bleibender Aktualität und brisanter praktischer Bedeutung.

Um die tiefe Bedeutung der Barmherzigkeit für unser Leben und Tun zu erfassen, müssen wir verschiedene Dimensionen der Barmherzigkeit unterscheiden: 1. die Barmherzigkeit Gottes als Ausdruck seiner wohlwollenden Liebe; 2. geschenkte Barmherzigkeit durch die Teilhabe an der Barmherzigkeit Gottes und ihre verwandelnde Kraft in unserem Leben; 3. Barmherzigkeit als Ausdruck der gelebten Nächstenliebe in unseren Handlungen, besonders das Erweisen von Barmherzigkeit gegenüber den Armen und Notleidenden. Die Praxis der Barmherzigkeit kann unsere Welt gerechter und schöner machen. Für das Leben und Zusammenleben der Menschen in unserer Zeit ist die Praxis der Barmherzigkeit zentral.

Deshalb ist es von unverzichtbarer Bedeutung, dass wir die Schönheit der Barmherzigkeit Gottes erkennen und seine Tiefe in unserem Leben erfahren, damit wir in allen Lebensbereichen Barmherzigkeit leben können.

Barmherzigkeit ist der Name Gottes

Die existentielle und spirituelle Bedeutung der Barmherzigkeit kommt in ihrer ganzen Schönheit zum Vorschein, wenn wir uns ihr von der unendlichen Barmherzigkeit Gottes her annähern. Gott ist Ursprung der Barmherzigkeit. Aus dieser Quelle strömt alles. Die Praxis der Barmherzigkeit führt uns zurück zu dieser Quelle. Erbarmen und Gerechtigkeit kommen von Gott. Im Licht seiner Herrlichkeit erkennen wir sein Erbarmen und seine Gerechtigkeit (vgl. Bar 5,1–9).

Gott offenbart sich in seiner Barmherzigkeit in der Schöpfung und in besonderer Weise in der Heilsgeschichte. Im Buch Exodus antwortet Gott Mose auf die Frage, wer er sei, mit den Worten: „Ich bin der, als der ich für euch da sein werde" (Ex 3,14). So offenbart Gott sein Wesen und seine Daseinsweise für die Menschen. In der dritten Namensoffenbarung Gottes wird diese Daseinsweise Gottes für die Menschen näher beschrieben: „Jahwe ist ein barmherziger und gnädiger Gott, langmütig, reich an Huld und Treue" (Ex 34,6).

Das Thema Barmherzigkeit zieht sich als roter Faden durch die ganze biblische Offenbarung. Die Psalmen preisen Gott als „gnädig und barmherzig, langmütig und reich an Gnade" (Ps 103,8).

Die Barmherzigkeit Gottes wird uns auf menschliche Weise anschaulich gemacht: „Wie ein Vater sich seiner Kinder erbarmt, so erbarmt sich der Herr über alle, die ihn fürchten." (Ps 103,13). Der Höhepunkt der alttestamentlichen Offenbarung von Gottes Barmherzigkeit findet sich beim Propheten Hosea. Er spricht in dramatischer Weise davon, dass sich Gottes Herz gegen ihn selbst wendet und sein Mitleid aufflammt, um die Tiefe seiner Barmherzigkeit mit Israel zu zeigen (vgl. Hos 11,8).

Barmherzigkeit steht in der Mitte der Selbstoffenbarung Gottes. Sie ist das Geheimnis seiner liebevollen Zuwendung zu seinen Geschöpfen. Barmherzigkeit können wir als grundlegende Eigenschaft Gottes bezeichnen, denn in der Barmherzigkeit Gottes wird seine unendliche Liebe für uns sichtbar und erfahrbar. Barmherzigkeit öffnet ein neues Gottesverständnis und ein neues Gottesbild.

Wenn wir aus der Perspektive der Barmherzigkeit Gottes auf die Offenbarung schauen, erkennen wir, wie die liebende Zuwendung Gottes zu den Menschen als Selbstmitteilung Gottes in Jesus Christus erfahrbar wird. Die Offenbarung der Barmherzigkeit Gottes erreicht ihren heilsgeschichtlichen Höhepunkt in Leben, Tod und Auferstehung Jesu Christi. Jesus Christus ist das barmherzige Antlitz Gottes. Jesus Christus, der Gott ist, der am Herzen des Vaters ruht, offenbart uns Gottes Barmherzigkeit (vgl. Joh 1,18). Er offenbart nicht nur das Geheimnis der Barmherzigkeit Gottes, sondern er *ist* die Inkarnation der Barmherzigkeit des Vaters. Diese Barmherzigkeit Gottes ist erfahrbar in seinem Heilswerk und in seiner Proexistenz für die Menschen.

Jesus Christus ist die Tür zur Barmherzigkeit. Wer durch diese Tür geht, erfährt die göttliche Barmherzigkeit (vgl. Joh 10,6; 14,6). Barmherzigkeit ist von zentraler Bedeutung nicht nur für das Gottesverständnis, sondern auch für das christliche Leben und für das Menschsein des Menschen überhaupt. Denn Gott will, was er ist: Barmherzigkeit. „Barmherzigkeit will ich, nicht Opfer" (Mt 9,13, vgl. Hos 6,6).

Tiefe und Weite der Barmherzigkeit Gottes

In der Verkündigung Jesu wird die Barmherzigkeit Gottes durch die Gleichnisse sehr anschaulich dargestellt. Die Gleichnisse vom verlorenen Schaf und der verlore-nen Drachme (Lk 15,3–10) verdeutlichen, wie Gott barmherzig ist, wie er die Verlorenen sucht und welche Freude entsteht, wenn Menschen wieder zu Gott zurückfinden.

Im Gleichnis vom barmherzigen Vater (Lk 15,11–32) veranschaulicht Jesus, wie die Barmherzigkeit Gottes über jedes Maß hinausgeht und jede unserer Vorstellungen übersteigt. Die einladende und offene Barmherzigkeit des Vaters bewegt den verlorenen Sohn, seine sündige Situation zu erkennen und zu seinem Vater zurückzukehren.

Jesus lehrt uns: Diese Barmherzigkeit des Vaters gilt jedem von uns. Der barmherzige Vater wartet auf alle Menschen. Er hat Mitleid mit allen. Er läuft uns entgegen, um uns um den Hals zu fallen, uns zu umarmen und zu küssen.

Wir sollten wie der verlorene Sohn den Entschluss fassen, zum Vater zurückzukehren und uns zu öffnen für die überströmende Barmherzigkeit des himmlischen Vaters. Der barmherzige Vater freut sich über jeden, der zu ihm zurückkehrt, der sich von seiner Barmherzigkeit und Liebe entfernt hat. Darüber hinaus ermutigt er den älteren Sohn, sich mit zu freuen, „denn dein Bruder war tot und lebt wieder, er war verloren und ist wieder gefunden worden". In diesem Gleichnis geht es um die göttliche Dimension der Barmherzigkeit, das Geschenk und den Empfang der Barmherzigkeit.

Dieses Gleichnis bringt nicht nur die Tiefe und Weite der Barmherzigkeit Gottes zum Ausdruck, sondern auch die mit der Erfahrung der Barmherzigkeit Gottes verbundene Selbsterkenntnis und Veränderung des Herzens und die menschliche Bereitschaft, zur Quelle der Barmherzigkeit zu gehen. In realistischer Selbsterkenntnis müssen wir uns auf Gottsuche begeben. Der verlorene Sohn in seiner menschlich verlorenen Situation erinnert sich an die Güte und Großherzigkeit seines Vaters. Er kommt zur Selbsterkenntnis. Die realistische Selbsterkenntnis gibt ihm die nötige Kraft, den Entschluss zu fassen, zum Haus des Vaters zurückzukehren. Die Voraussetzung für die Erfahrung der Barmherzigkeit ist die damit verbundene *Gottes- und Selbsterkenntnis*. Die Erfahrung der Barmherzigkeit führt zur Versöhnung, Versöhnung mit Gott, mit sich selbst und der eigenen Lebenssituation.

Wenn wir auf den Vater im Gleichnis näher schauen, erkennen wir: Das Herz des Vaters ist nicht verschlossen, sondern offen. Er wartet auf unsere Rückkehr. Wie in diesem Gleichnis hält er Ausschau am Horizont, um zu sehen, ob der Sohn sich zur Rückkehr entschlossen hat. Das Herz des Vaters bleibt weit offen, aber von Seiten der Menschen wird die *Haltung der Erinnerung* notwendig, wie gut es im Haus des Vaters ist. Diese Erinnerung bewegt den verlorenen Sohn zur Rückkehr. Dieses Gleichnis zeigt überaus deutlich: die Reue und die Umkehrbereitschaft des in seiner Freiheit geachteten Menschen sind die notwendigen Voraussetzungen für den Empfang der verschwenderischen und zuvorkommenden Barmherzigkeit Gottes.

Jesus stellt die Liebe des barmherzigen Vaters in den Mittelpunkt seiner Verkündigung. Seine Barmherzigkeit gilt allen Menschen in allen Lebenslagen. Sie ist grenzenlos und will alle an sich ziehen. Je mehr wir die ganze Tiefe der Barmherzigkeit des Vaters erfassen, desto mehr erkennen wir, dass diese Barmherzigkeit jedem Menschen entgegenkommt, um alle aufzunehmen. Dieser Vater ist das Vorbild für unser Leben und Handeln.

Unsere Berufung, Barmherzigkeit zu leben

Im Gleichnis vom unbarmherzigen Verwalter stellt Jesus heraus, wie wir, die die Barmherzigkeit Gottes erfahren haben, nach seinem Vorbild auch anderen gegenüber Erbarmen haben sollen. Die Frage ist entscheidend: „Hättest nicht auch du mit jenem, der gemeinsam mit dir in meinem Dienst steht, Erbarmen haben müssen, so wie ich mit dir Erbarmen hatte?" (Mt 18,33). Weil wir das Mitleid Gottes erfahren haben, sind wir berufen und befähigt, selber Mitleid zu empfinden. Wenn wir die Unermesslichkeit der Barmherzigkeit Gottes in unserem

Herzen erfahren, dann wird unser Herz empfindsam und sensibel für die Bedürfnisse und die Not der anderen Menschen.

Auch im Gleichnis vom barmherzigen Samariter (Lk 10, 29–37) geht es um das Tun der Barmherzigkeit: „Dann geh und handle genauso!" Wir sollen den guten Samariter nachahmen. Der Erweis der Barmherzigkeit ist eine spontane Reaktion des Herzens, an der vorgefundenen Not nicht vorüberzugehen, sondern sie zu lindern und sich so dem Gefallenen als Nächster zu erweisen.

Wir müssen die Barmherzigkeit leben und Barmherzigkeit tun. Es ist unsere Berufung und Sendung, barmherziger Samariter zu sein und immer mehr zu werden. Wir leben und lernen Barmherzigkeit in der Nachfolge Christi. Christi Leben ist das Vorbild für unser Leben. Jesus lebt, was er verkündet: Er bringt den Armen eine gute Nachricht, er verkündet den Gefangenen Entlassung und schenkt den Blinden das Augenlicht. Er setzt die Zerschlagenen in Freiheit, er ruft ein Gnadenjahr des Herrn aus (vgl. Lk 4,18f.).
Das Christsein im Horizont der Barmherzigkeit Gottes neu zu betrachten und daraus Kraft zu schöpfen hilft uns, die Barmherzigkeit als Berufung und Sendung der Christen neu zu verstehen. Bei Barmherzigkeit geht es in erster Linie um die Barmherzigkeit Gottes, um das sichtbar und erfahrbar werden seiner schöpferischen und heilschaffenden Zuwendung zu den Menschen. Ohne diese ‚vertikale' Beziehung zu Gott, der die Quelle der Barmherzigkeit ist, werden wir keine Kraft finden können für die ‚horizontale', zwischenmenschliche Praxis der Barmherzigkeit.

Ohne den Bezug zu Gottes Barmherzigkeit werden wir irgendwann kraft- und mutlos in unserem Engagement für die Menschen. Mit diesem Gottesbezug aber gewin-nen unsere humanitären Taten christliche Qualität und sie werden zu gelebter Caritas und Diakonie. Wir geben nur das Empfangene weiter. Wenn wir Gottes Barmherzigkeit in unserem eigenen Herzen empfangen, können wir auch die Früchte der Barmherzigkeit in unserem Handeln sichtbar werden lassen.

Barmherzigkeit ist eine Revolution der Liebe. Diese Revolution beruht nicht allein auf menschlichen Ressour-cen, sondern sie ist ein Geschenk Gottes. Wir empfangen dieses Geschenk als Gnade, wenn wir uns offen und vorbehaltlos auf seine Barmherzigkeit einlassen und auf sie vertrauen. Aus der göttlichen Quelle erhält die Barm-herzigkeit ihre leben- und weltverändernde Kraft. Mit der Erfahrung der Barmherzigkeit sind Umkehr und Vergebung der Sünden verbunden. Wenn wir von der Barmherzigkeit Gottes berührt werden und in uns ihre Macht wirksam wird, wird Barmherzigkeit unsere We-senart und Haltung. Jeder, der der Barmherzigkeit Jesu begegnet, ist im Herzen ein anderer geworden. Er spürt die Notwendigkeit, dem Willen Gottes zu entsprechen und mit den Taten der Barmherzigkeit Ernst zu machen.

Davon legen die die Menschen verwandelnden Begeg-nungen mit Jesus, von denen die Heilige Schrift berichtet, reichlich Zeugnis ab. Das Geschenk der Barmherzigkeit Gottes macht uns menschlicher und christlicher. Es verwandelt uns und gibt uns die Kraft, nach dem Vorbild des himmlischen Vaters selbst barmherzig zu sein. „Seid barmherzig, wie es auch euer Vater ist!" (Lk 6,36).

Erfahrung der Barmherzigkeit

Barmherzigkeit erfahren bedeutet, offen zu werden für den Empfang der Gnade der wohlwollenden Zuwendung Gottes und uns von dieser zuvorkommenden Gnade verwandeln zu lassen.

Die Barmherzigkeit Gottes können wir nur erfahren, wenn wir bereit sind, uns unserer eigenen Lebenssituation bewusst zu werden. Das in-der-Welt-Sein des Menschen bringt mit sich die Angewiesenheit auf Gott, auch wenn uns diese Angewiesenheit nicht bewusst ist. Mensch, Welt und Lebenswirklichkeit entsprechen, so wie sie sind, noch nicht voll dem Liebeswillen des barmherzigen Gottes. Wenn wir realistisch über unser eigenes Leben nachdenken und aus der Perspektive Gottes auf unsere Lebenswirklichkeit schauen, erkennen wir unsere existenzielle Armut, Not und unsere Angewiesenheit auf die Barmherzigkeit Gottes. Wir bedürfen der Erlösung und Heilung, Versöhnung und Vollendung.

Wir alle leben von einem Hoffnungsüberschuss. Jeder weiß im Inneren seines Herzens, wie armselig er selber letztendlich ist. Wenn der Mensch sich dieser existenziellen Armut bewusst ist, wird er die Angewiesenheit auf Gottes Barmherzigkeit erkennen und bekennen. Wenn er in großer Demut diese Angewiesenheit lebt, erfüllt Gott das Herz des Menschen mit seiner lebenswendenden Gnade. Dies drückt die erste Seligpreisung der Bergpredigt Jesu aus: „Selig die arm sind vor Gott, denn Ihnen gehört das Himmelreich" (Mt 5,3).
Wir sollen ins Meer der unendlichen Barmherzigkeit Gottes eintauchen, um von Gott unsere Wunden berühren

und heilen zu lassen. Barmherzigkeit ist eine Sache des Herzens. Im biblischen Sinne bildet das Herz die Mitte des Lebens. Wie können wir konkret in diese Barmherzigkeit Gottes eintauchen und unsere Lebensmitte von ihr berühren lassen?

Die Feier der Liturgie ist der vornehmliche Ort, wo wir in das Geheimnis der göttlichen Barmherzigkeit eintauchen können. Dort verkünden wir das heilschenkende Erlösungswerk Jesu Christi, wo er uns Anteil gibt an seiner Barmherzigkeit. In der Feier der Sakramente empfangen wir diese Barmherzigkeit, indem er uns immer wieder als Kinder Gottes annimmt, unsere Sünden vergibt, unsere Wunden heilt, uns durch die Arznei der Unsterblichkeit innerlich verwandelt und uns dadurch befähigt, unsere eigene menschliche Schwachheit, die eigenen Begierden und den um uns selbst kreisenden Egoismus zu überwinden, Grenzen zu überschreiten und über uns selbst hinauszuwachsen. So können wir uns und unsere Mitmenschen mit den Augen der Barmherzigkeit Gottes anschauen und ihnen das uns selbst Geschenkte weitergeben.

In der Begegnung mit Jesus Christus und in seiner Gegenwart lernen wir, wie er die Barmherzigkeit des Vaters verkündet hat. Von ihm empfangen wir seine Barmherzigkeit, damit wir selber barmherzig werden. Das Vertrauen auf die Barmherzigkeit Gottes macht uns menschlicher und christlicher. Die Barmherzigkeit Gottes verwandelt uns und schenkt uns die Kraft, nach dem Vorbild des himmlischen Vaters selbst barmherzig zu werden. „Selig, die barmherzig sind, denn sie werden Barmherzigkeit erfahren" (Mt 5,7).

Es ist unsere christliche Berufung, immer mehr barmherzig zu werden: Wachstum in der Barmherzigkeit ist nur möglich in der Begegnung mit Jesus Christus, der Barmherzigkeit Gottes in Person. In seiner Gegenwart und seiner Nähe empfangen wir die Gnade und die Vergebung unserer Sünden. Er befreit uns von unserer Ich-Zentriertheit. Er befähigt uns, über unsere Grenzen hinauszuwachsen und in die Peripherien des Lebens zu gehen, um dort die Barmherzigkeit Gottes in Wort und Tat zu verkünden.

In der Nachfolge Christi Barmherzigkeit leben

Unsere Erfahrung zeigt, dass es in der Welt zu viel Dunkelheit, Gewalt und Ungerechtigkeit gibt. Angesichts dieser Tatsache kann nur ein ‚Mehr' an Barmherzigkeit und Güte diesen unguten und ungerechten Zustand überwinden und unsere Lebenswirklichkeit heilen und zum Guten hin verändern. Dieses ‚Mehr' kommt allein von Gott: Es ist seine Barmherzigkeit, die in Jesus Christus uns geschenkt wird. Jesus hat ein Herz für die Menschen und seine barmherzige Liebe hat ihm im wahrsten Sinne des Wortes das Herz durchbohrt. „Aus seinem durchbohrten Herzen entspringen die Sakramente der Kirche. Das Herz des Erlösers steht offen für alle, damit sie freudig schöpfen aus den Quellen des IIciles" (Präfation vom Hochfest des Heiligsten Herzen Jesu). In der Gegenwart Gottes empfangen wir seine Barmherzigkeit, die aus dem geöffneten Herzen Jesu hervorströmt.

Die Herz-Jesu-Verehrung in der Frömmigkeitsgeschichte macht anschaulich, was Barmherzigkeit in ihrer zweifachen Dimension sein soll: Schöpfung der göttlichen Barmherzigkeit aus der Quelle und Sendung zu Taten der Barmherzigkeit. Jesus Christus ist die Barmherzigkeit Gottes für uns („misericordia Dei"). Jesus Christus hat ein Herz („cor") für die Armen („miseri"). Sein Herz ist offen für unsere existentielle Armut.

Wir lernen Barmherzigkeit vom Herzen Jesu: „Kommt alle zu mir, die ihr euch plagt und schwere Lasten zu tragen habt. Ich werde euch Ruhe verschaffen. Nehmt mein Joch auf euch und lernt von mir; denn ich bin gütig und von Herzen demütig; so werdet ihr Ruhe finden für eure Seele. Denn mein Joch drückt nicht, und meine Last ist leicht." (Mt 11,28ff.) Wenn wir im Herzen Jesu ruhen, werden wir Barmherzigkeit lernen. Wenn Christus in unserem Herzen wohnt, werden auch wir nach seinem Herzen umgewandelt. So werden wir fähig, Reichtum und Schönheit seiner barmherzigen Gnade zu begreifen (vgl. Eph 3,14–19). Es gilt, eine innige Liebe zum Lebensweg Jesu zu entwickeln. Liebe zum Weg des Gottessohnes, der sich entäußerte, arm wurde, sich erniedrigte, um einer von uns zu werden. Wir müssen uns entäußern und innerlich leer werden, damit er uns mit seiner Barmherzigkeit erfüllen kann.

Jesus Christus kennt unsere Schwachheit, deshalb haben wir jederzeit Zugang zu seiner Barmherzigkeit. „Wir haben ja nicht einen Hohenpriester, der nicht mitfühlen könnte mit unserer Schwäche, sondern einen, der in allem wie wir in Versuchung geführt worden ist, aber nicht gesündigt hat. Lasst uns also voll Zuversicht hingehen zum Thron der Gnade, damit wir Erbarmen und Gnade finden und so Hilfe erlangen zur rechten Zeit." (Hebr 4,15f.)

Unsere Praxis der Barmherzigkeit ist die dankbare Antwort auf die Barmherzigkeit Gottes, die er uns ohne unser Verdienst zuerst geschenkt hat (vgl. 1 Joh 4,10). Die Barmherzigkeit ist die überreiche Selbstverschenkung des Herrn nach seiner Logik: „Wo jedoch die Sünde mächtig wurde, da ist die Gnade übergroß geworden" (Röm 5,20). Gottes wohlwollende Barmherzigkeit ist der Grund der Kenosis Christi. Um uns an seiner Barmherzigkeit teilhaben zu lassen, hat Gott sich entäußert und ist Mensch geworden (vgl. Phil 2,7). Wir nehmen teil an der Kenosis Christi, wenn wir uns zu den Armen und Elenden in liebevoller Zuwendung hingeben. Wenn wir anderen Barmherzigkeit erweisen, nehmen wir teil an der Barmherzigkeit Gottes selbst.

Die Rede von der Barmherzigkeit darf keine Leerformel bleiben. Deshalb müssen wir die unendliche Barmherzigkeit Gottes, die in Leben, Tod und Auferstehung Jesu offenbar geworden ist, näher betrachten und uns in dieses Geheimnis tiefer hineinnehmen lassen. Denn Jesus Christus ist die menschgewordene Barmherzigkeit Gottes. In ihm erweist sich Gott einzigartig und endgültig als Gott voller Erbarmen (vgl. Eph 2,4f.).

Jesus hat uns das Erbarmen Gottes in seinem Leben gezeigt und vorgelebt. Er hatte Mitleid mit den vielen Kranken, den Hungrigen und den Notleidenden. Er hat sich der von bösen Geistern Geplagten angenommen. Er wurde von Mitleid gerührt, als er einen Aussätzigen traf.

Er begegnete mit Mitleid der Frau, die ihren einzigen Sohn verloren hatte. Alles, was Jesus für die Menschen tat, waren heilende und heilsame Taten der Barmherzigkeit. Sein letzter Schrei am Kreuz machte die göttliche Weite seiner Barmherzigkeit deutlich in der Vergebungsbitte für seine Feinde: „Vater, vergib ihnen, denn sie wissen nicht, was sie tun." (Lk 23,34).

Wir sind berufen, seine Sendung in der Welt heute als Werkzeuge der Gnade fortzusetzen. Wir müssen nach seinem Vorbild und seiner Kraft barmherzig sein, ein Herz für die Armen haben, die nicht nur physisch und materiell arm sind, sondern auch geistig und geistlich arm geworden sind. Die Barmherzigkeit Gottes nimmt Gestalt an in unserer Zeit durch unser Tun der Barmherzigkeit. Das allein ist glaubwürdig. Das Tun der Barmherzigkeit ist die konkrete Verkündigung der Liebe Gottes.

Indem wir die Barmherzigkeit Gottes feiern und verkünden, empfangen wir die Gnade, die Sendung der Barmherzigkeit weiter zu führen. In der Liturgie gedenken wir des Heilswerks Christi, vergegenwärtigen seine Barmherzigkeit und begegnen ihm. Erst aus der Begegnung mit Christus in der Anbetung und im Gebet können wir Kraft schöpfen, zu den Rändern und in die Peripherien der Gesellschaft zu gehen. Durch die Begegnung mit der barmherzigen Liebe Gottes in seiner Gegenwart wird die Beziehung zu ihm in uns lebendig und kraftvoll. In dieser Kraft sind wir befähigt, Christus in den Armen und Notleidenden zu begegnen. Unsere Begegnung mit den Armen und Notleidenden werden reicher und schöner, ja göttlicher, wenn wir ihnen die barmherzige Liebe Gottes bringen.

In allem geht es darum, durch unsere barmherzigen Taten Gott zu verherrlichen und ihm die Ehre zu geben. Wenn wir im Lobpreis Gottes seine Barmherzigkeit verehren, empfangen wir das Geschenk seiner Barmherzigkeit. Durch die Anbetung Gottes, des Barmherzigen, werden wir in seine Haltung der Barmherzigkeit hineinwachsen. Von Gott her empfangen wir die Kraft, aus uns herauszugehen und offen zu werden für die Werke der Barmherzigkeit.

Die Werke der Barmherzigkeit

In der christlichen Tradition unterscheiden wir zwischen leiblichen und geistlichen Werken der Barmherzigkeit. Die sieben leiblichen Werke der Barmherzigkeit sind: Hungrige speisen, Durstige tränken, Nackte bekleiden, Fremde aufnehmen, Kranke besuchen, Gefangene befreien, Tote bestatten. Genauso wichtig sind die sieben geistigen Werke der Barmherzigkeit: Unwissende lehren, Zweifelnden raten, Irrende zurechtweisen, Trauernde trösten, Unrecht ertragen, Beleidigung verzeihen, für die Lebenden und die Toten beten.

Die Praxis dieser Werke ist zentral für das Christsein. Es ist selbstverständlich, dass nicht jeder in seiner jeweiligen Lebenssituation alle diese Werke gleichermaßen verwirklichen kann. Aber jeder kann einige Werke verwirklichen und der christlichen Berufung entsprechen. Es gibt verschiedene Ebenen der Praxis der Barmherzigkeit, die schon in der Predigt Johannes des Täufers deutlich werden.

Zuerst geht es um das Teilen der empfangenen Güter: „Wer zwei Gewänder hat, der gebe eines davon dem, der keines hat, und wer zu essen hat, der handle ebenso." Es geht auch um die grundlegende Praxis der Gerechtigkeit und ein dem Lebensauftrag entsprechendes gerechtes Handeln: Die Zöllner sollen nicht mehr verlangen, als festgesetzt ist, die Soldaten niemanden misshandeln und erpressen, sondern sich mit ihrem Sold begnügen (vgl. Lk 3,10–14). Dies sind nur einige Beispiele für ein Minimum an barmherzigem Handeln, die wir heute in unsere Lebenssituation übertragen können.

Die Praxis der Barmherzigkeit ist im Grunde genommen die Praxis der Menschlichkeit. Wir empfangen die Kraft zu dieser Praxis der Menschlichkeit von Gott und er lässt uns erkennen, dass wir alle Mitgeschöpfe sind und damit Brüder und Schwestern. Jeder von uns ist gleichermaßen auf die Barmherzigkeit Gottes angewiesen. Jeder von uns empfängt auch gleichermaßen seine Barmherzigkeit. Diese Erkenntnis macht uns empfindsam für unsere Mitgeschöpfe. Was wir auf der schöpfungsmäßigen Ebene mit allen Menschen teilen, wird erhöht und neu qualifiziert in der Berufung zum Christsein. Die Fähigkeit, Barmherzigkeit zu tun durch die Praxis der Menschlichkeit ist uns allen gegeben, weil wir als Bild und Gleichnis Gottes geschaffen sind. Diese Ebenbildlichkeit mit Gott ist Grundlage und Voraussetzung dafür, dass wir nach dem Vorbild Gottes handeln können. Praxis der Barmherzigkeit ist die gelebte Humanität. Die Sprache der Barmherzigkeit verstehen alle Menschen guten Willens, auch die Menschen in einer nachchristlichen und kirchlich distanzierten Gesellschaft.

Es geht um das persönliche Lebenszeugnis. Denn jeder Einzelne muss zuerst in seinem eigenen Leben barmherzig werden und Barmherzigkeit vorleben. Es geht um die persönliche Bemühung, unser Denken und Handeln von der Barmherzigkeit Gottes prägen und bestimmen zu lassen. Deshalb muss jeder Barmherzigkeit praktizieren, damit die Gemeinschaft als solche barmherzig werden kann. Eine barmherzige Kirche entsteht, wenn einzelne Gläubige in ihrem Herzen barmherzig werden und dieses Herz für andere öffnen. Wenn jeder die empfangene Barmherzigkeit weiterschenkt, wird eine Kirche der Barmherzigkeit Zeugnis von der Barmherzigkeit Gottes geben können. Dies ist die missionarische Sendung der Christen. Die Menschen sollen durch unser Leben die Barmherzigkeit Gottes erleben und dadurch den Vater im Himmel preisen. Die christliche Praxis der Barmherzigkeit mit allen Menschen macht das Christentum anziehend. Kirche als missionarische Gemeinschaft hat die Sendung, die Barmherzigkeit Gottes in der Welt in Wort und Tat zu verkünden. Wir haben Jesus und seine Botschaft der Liebe zu verkünden: Seine Liebe gilt allen Menschen. Er schaut auf die Menschen mit Mitleid und Erbarmen.

Die Werke der Barmherzigkeit können wir als ein Zeichen der konkret gewordenen Reich-Gottes-Botschaft Jesu verstehen. Das Reich Gottes findet seine zeichenhafte Verwirklichung in den Werken der Barmherzigkeit. Barmherzigkeit leben bedeutet, in der Kraft Gottes all das, was wir anderen voraushaben, anderen zur Verfügung zu stellen: unsere Gesundheit den Kranken, unsere Freude den Trauernden, unser Wissen den Unwissenden usw.

Wenn wir eine grundsätzliche Dankbarkeit für das Geschenk des Lebens empfinden, werden wir auch bereit sein, unser Leben mit anderen Menschen zu teilen.

Die Botschaft der Barmherzigkeit wird immer tiefer verständlich für diejenigen, die sich der Liebe Gottes öffnen und Jesus als ihre erste und einzige, alles bestimmende Liebe erwählen. Praxis der Barmherzigkeit ist die konkret gelebte Nächstenliebe. Diese Praxis spielt eine so zentrale Rolle in der Predigt Jesu, dass sie zum Maßstab für das Jüngste Gericht wird. Jesus überhöht diesen Anspruch, indem er sich selbst mit den Armen und Leidenden nicht nur solidarisiert, sondern identifiziert und so die Motivation für die Praxis der Barmherzigkeit gibt: „Was immer ihr einem dieser meiner geringsten Brüder getan habt, das habt ihr mir getan" (Mt 25,40).

Die Unbedingtheit der Praxis der Barmherzigkeit wird nur verständlich, wenn wir die Bedeutung der Person Jesu Christi tiefer erfassen: Weil er Gott ist, kann er sich mit den Armen und Notleidenden identifizieren. Er kennt das Herz des Menschen und er wird die Welt richten. Er ist derjenige, der dem Menschen den ewigen Lohn oder die ewige Strafe zuteilen wird, je nachdem, ob dieser Barmherzigkeit gelebt hat oder nicht. Jesus als Weltenrichter hat das Tun der Barmherzigkeit zum Kriterium für das ewige Heil gemacht. Diejenigen, die keine Barmherzigkeit erwiesen haben, müssen von ihm weichen und in die ewige Strafe gehen. Aber die Gerechten, die die Barmherzigkeit gelebt haben, dürfen in das Reich Gottes eingehen und sich des ewigen Lebens erfreuen (vgl. Mt 25,46).

Jesus Christus bringt das Licht in die Finsternis der Welt: „Das Volk, das in Finsternis lebte, hat ein helles Licht gesehen; denen, die im Schattenreich des Todes wohnten, ist ein Licht erschienen" (Mt 4,16). Als berufene Christen sollen wir die Sendung Jesu in die heutige Welt hinein fortsetzen. Die volle Tragweite des Auftrags Jesu, barmherzig zu sein wie es der himmlische Vater ist, ist nur verständlich für diejenigen, die sich für das Reich Gottes entschieden haben und bereit sind, Jesus Christus als Herr und Gott seines Lebens anzunehmen, ihm nachzufolgen und in seinem Geiste zu leben und zu handeln. Dennoch vermögen alle Menschen guten Willens, in diesen Worten eine Melodie zu vernehmen, die das Herz eines jeden Menschen berühren und bewegen kann. Der Auftrag Jesu, den Vater im Himmel zum Vorbild für unser Leben und Handeln zu nehmen, umfasst sowohl etwas Ideales als auch etwas Reales. Die Botschaft Jesu bringt einen qualitativen Sprung mit sich. Dies wird nur verständlich im Kontext der umfassenden Reich-Gottes-Botschaft, die in seiner Person gegenwärtig ist. Zu dieser Botschaft gehört unbedingt der Ruf Jesu: „Kehrt um! Denn das Himmelreich ist nahe." (Mt 4,17). Das Sprechen von Barmherzigkeit kann nicht zur Verwässerung der Unbedingtheit des Glaubens, der Notwendigkeit der persönlichen Bekehrung oder der Herabsetzung der Gebote Gottes führen. Jesu Aufforderung zu einem Leben nach dem Vorbild des barmherzigen Vaters wirft vielmehr ein Licht auf das Böse und Dunkle in der Welt und die Verkrüppelung des Gewissens. Die Grundvoraussetzung für die Praxis der Barmherzigkeit ist die Feinjustierung und Sensibilisierung des Gewissens, so dass wir spontan das Gute wählen und eine barmherzige Haltung einnehmen.

Perspektiven für eine Horizonterweiterung

In den letzten Jahrzehnten ist das Thema Barmherzigkeit zunehmend ins Bewusstsein gekommen. Doch wenn Barmherzigkeit keine ‚Zauberformel' für alles und jedes sein soll, ist es das Gebot der Stunde, dass wir geistlich-geistig ringen, um das Verständnis der Barmherzigkeit zu vertiefen. Wenn Barmherzigkeit nicht eine rein menschliche Vorstellung von humanitären Werken sein soll, ist es von zentraler Bedeutung, sich der tieferen erlösenden, heilenden und motivierenden Kraft der göttlichen Barmherzigkeit bewusst zu werden.

Bei Barmherzigkeit geht es nicht um ein gängiges Gutmenschentum, eine Art ‚Nicht-so-schlimm-Mentalität', eine Relativierung oder Verharmlosung von menschlichem Fehlverhalten aus Egozentrismus. Barmherzigkeit ist kein Alibi-Begriff für ‚Christsein light' oder ‚billige Gnade', wie es Dietrich Bonhoeffer einst treffend formuliert hat. Deshalb ist es von zentraler Bedeutung, dass wir alle menschlichen Anstrengungen auf uns nehmen, dem göttlichen Anspruch der Barmherzigkeit, der auch unsere Umkehr fordert, gerecht zu werden. Freilich ist diese Umkehr erst durch die zuvorkommende Gnade Gottes möglich.

Wir dürfen zu Gott, der Quelle der Barmherzigkeit, offen hingehen, um von ihm Barmherzigkeit zu empfangen und so in die göttliche Barmherzigkeit hineinzuwachsen. Barmherzigkeit zu leben bedeutet, unser Leben nach dem Willen Gottes auszurichten und unsere ganze persönliche Berufung und Sendung bestmöglich nach seinem Willen zu leben.

Wenn wir gehorsam gegenüber dem Willen Gottes sind, wird seine Barmherzigkeit in uns wirksam und wir werden einen Weg finden, die Barmherzigkeit Gottes unseren Mitmenschen durch unser Leben erfahrbar zu machen.

Die tiefere Betrachtung der Barmherzigkeit Gottes lädt uns zu einem Perspektivenwechsel und einer Horizonterweiterung im Blick auf die unendliche Barmherzigkeit Gottes ein. Es geht darum, unser Leben wieder neu in den Horizont der Barmherzigkeit zu stellen, offenherzig zur Quelle der Barmherzigkeit zu gehen und sich von der Gnade der Barmherzigkeit beschenken zu lassen.

Barmherzigkeit zu leben bedeutet, die Perspektive des himmlischen Vaters einzunehmen, alle Menschen als Geschöpfe Gottes und als seine Kinder zu betrachten. Aus seiner Perspektive müssen wir zu den Menschen gehen, sogar zu den Feinden. Denn der himmlische Vater lässt die Sonne aufgehen über Guten und Bösen, er lässt es regnen über Gerechte und Ungerechte (vgl. Mt 5,45). In unserem zwischenmenschlichen Verhalten muss die gütige Barmherzigkeit des Vaters die entscheidende und motivierende Kraft unseres Handelns sein. Die Barmherzigkeit Gottes ist nicht ausschließend, sondern alle Menschen einschließend. Die Kraft zu Empathie und Einfühlungsvermögen entspringt nicht aus uns selbst. Sie übersteigt unser menschliches Vermögen. Nur in der Kraft Gottes können wir auch dem uns zunächst unsympathisch erscheinenden Menschen Barmherzigkeit erweisen. Es geht um die Achtsamkeit gegenüber unseren Mitmenschen.

Eine Spiritualität der Barmherzigkeit können wir nur aus der geschenkten Kraft der Barmherzigkeit Gottes leben. Wir erhalten die Kraft, den Menschen offenherzig und gütig zu begegnen und Ihnen Gutes zu erweisen aus der Begegnung mit der unendlichen Barmherzigkeit Gottes. Es geht darum, aus dem Bewusstsein der geschenkten und empfangenen Barmherzigkeit Gottes eine Kultur der Barmherzigkeit zu entwickeln, die es uns ermöglicht, Mittler des Guten und Schönen zu sein für andere Menschen, sogar für die ganze Schöpfung. Hier geht es um eine Spiritualität der Barmherzigkeit, indem in uns die Lebenshingabe und die Proexistenz Christi Gestalt gewinnt. Die Taten der Barmherzigkeit im Sinne Christi haben eine göttliche Qualität, weil wir Christus in den Armen und Notleidenden erkennen. Was wir für diese tun, tun wir für Christus. Deshalb sind die Taten der Barmherzigkeit heilbringend.

Wenn die säkulare Welt um uns herum nicht nur unbarmherzig, sondern auch manchmal brutal erscheint, gilt es, unsere christliche Berufung authentisch zu leben. Wie können wir aus unserem Glauben heraus die Botschaft der Barmherzigkeit in die gegenwärtige Situation einbringen? Unser Glaube an die Barmherzigkeit Gottes fordert uns auf, die Realität unseres Lebens und den Zustand unserer Welt nicht als unabänderliches Schicksal anzunehmen, sondern sie im Licht des Glaubens zu betrachten und nach Kräften zum Guten hin zu verändern und positiv zu gestalten.

Die Barmherzigkeit Gottes lädt uns ein, unsere christliche Berufung ernst zu nehmen, ihre Fülle zu erfassen und zu leben und sie in unseren barmherzigen Taten sichtbar zu machen.

Die Erfahrung der Barmherzigkeit Gottes führt uns zu Bekehrung und Umkehr, Veränderung unseres Herzens und unseres Lebens. Darin liegt die heilende und heilsame Kraft der Erfahrung der Barmherzigkeit.

Auszüge aus der „Biblischen Real- und Verbal-Hand-Concordanz" von M. Gottfried Büchner

Barmherzigkeit

§. **1.** Es soll so viel als Warmherzigkeit sein, weil sie das menschliche Herz gleichsam erwärme, dass es zum Mitleiden bewegt werde. Im Lateinischen hat sie ihren Namen daher, weil uns anderer Leute Elend, aliena miseria, zu Herzen geht.

§. **2.** Sie ist daher ein Mitleiden, welches unser Herz über des Andern Elend empfindet, wodurch wir ihm auf alle mögliche Art und Weise zu Hülfe zu kommen bewogen werden. Die rechte christliche Barmherzigkeit ist nicht ein bloßes sinnliches Gefühl, oder natürliche Weichherzigkeit, sondern es ist eine theilnehmende Gesinnung der Liebe gegen den Leidenden, wo uns das wehe thut, daß der Mensch, von GOtt geschaffen, bestimmt, GOttes Kind zu sein, daß der Christ so leiden muß, wie andre Creaturen nicht leiden.

§. **3.** Zu dieser Liebe der Elenden, als einem schweren Stück des Gesetzes, Matth. 23, 23. durch welche die Menschen sich GOtt wohlgefällig machen, soll uns bewegen I) GOttes Befehl. Hos. 12, 6. Zach. 7, 9. Col. 3, 12. 1 Petr. 3, 8. II) GOttes Wohlgefallen an der Barmherzigkeit, Hos. 6, 6. Matth. 9, 13. c. 12, 7. c. 23, 23. III) Das Beispiel des himmlischen Vaters, woraus die hohe Würde dieser Tugend zu schließen. Sie macht uns bei dem Elenden GOtt gleich. Siehe Barmherzigkeit Gottes.

IV) Das Beispiel des Heilandes. Ebr. 2, 17. c. 4, 15.

Dadurch hat er uns als der Aufgang aus der Höhe besucht. Luc. 1, 78.

Jammerte ihn des Volks, weil sie, wie die Schafe, so keinen Hirten hatten, herum gingen, Matth. 9, 36. Marc. 6, 34.

- - - und heilte die Kranken, Matth. 14, 14.

Erbarmte sich über die Blinden, Matth. 20, 34.

- - - - Aussätzigen, Luc. 17, 13.

- - - - die Wittwe zu Nain, Luc. 7, 13.

Zog in den Tagen seines Fleisches umher und that wohl etc., A.G. 10, 38. etc. etc.

§. **4.** V) Die Exempel der Heiligen. Es sind barmherzig gewesen:

Die Bürger zu Jabes an Sauls und seiner Söhne Leichnamen, 2 Sam. 2, 5. 6.

Boas gegen die Ruth, Ruth 2, 14.

Cornelius im Almosenaustheilen, A.G. 10, 3. 4.

David gegen Mephiboseth, 2 Sam. 9, 7. an Hanon, ib. c. 10, 2.

Hiob gegen die Armen, Hiob 29, 12.

Josias, 2 Chr. 35, 26.

Die Kundschafter der Rahab, Jos. 2, 12.

Obadja gegen 100 Propheten, 1 Kön. 18, 4.

Der Samariter gegen den Verwundeten, Luc. 10, 36.

Tabea gegen die Armen, A.G. 9, 36 etc.

§. 5. VI) Das (geistige oder leibliche) Elend und der dürftige Zustand unseres Nächsten. Erbarmt sich der Gerechte seines Viehes, Sprw. 12, 10. wie viel mehr sollen wir uns nicht gegen unsern Nächsten mitleidig bezeigen, Esa. 58, 7. als gegen unsere Mitknechte, Matth. 18, 33. Col. 3. 12. Luc. 6, 36.

§. 6. VII) Der herrliche Nutzen und die Belohnungen, welche die Barmherzigen davon haben.

Dessen Same wird gesegnet sein, Ps. 37, 26.

Der HErr wird ihn bewahren etc., Ps. 41, 3.

Werden ewiglich bleiben, Ps. 112, 4. 6.

Es wird ihnen wohl sein, Sprw. 14, 21.

Finden das Leben etc. Sprw. 21, 21.

Sind selig, Matth. 5, 7.

§. 7. VIII) Die Strafe der Unbarmherzigen.

Sie sollen nicht von GOtt erhöret werden, Sprw. 21, 13.

Deren Gedächtniß soll ausgerottet werden, Ps. 109, 15. 16.

Sind des Todes würdig, Röm. 1, 31. 32.

Werden ein unbarmherziges Gericht über sich müssen ergehen lassen, Jac. 2, 13. wie Sodom, Ezech. 16, 49. Sir. 16, 10.

§. 8. Die Barmherzigkeit ist eine edle Tochter des Glaubens, und begreift alle Werke der Liebe, die dem Nächsten können erwiesen werden, in sich, 1 Mos. 20, 13. c. 21, 23. Jos. 2, 12. Ruth 1, 8. c. 3, 10.

Wollen wir Kinder unsers allmächtigen Vaters und Geschwister des barmherzigen und liebreichen Heilandes sein, Joh. 13, 35. so müssen wir

a) nicht müde werden in der Ausübung dieser Tugend, Gal. 6, 9. sondern b) solche in Einfältigkeit und Willigkeit des Herzens täglich beweisen, Sir. 35, 4. 11. 2 Cor. 8, 12. Col. 3, 12. Röm. 12, 8. Siehe Almosen. Der rechten Barmherzigkeit fähig ist nur der, der an sich selbst das menschliche Elend und besonders die Größe des Sündenverderbens erfahren, und eine Ader des mitleidigen Herzens des himmlischen Hohenpriesters in sich hat; und der dabei selbst an sich den Reichthum der göttlichen Erbarmung geschmeckt hat.

§. 9. Barmherzigkeit zur Unzeit einem widerfahren lassen, und dabei wider GOttes Befehl handeln, zieht auch GOttes Strafe nach sich. Solches haben gethan:

Ahab, der Benhadads schonte, 1 Kön. 20, 42.

Saul an Agag, 1 Sam. 15, 7 f.

§. 10. Die Spüche davon sind:

Die Barmherzigkeit thue an mir, daß, wo wir hinkommen, du sagest, ich sei dein Bruder, 1 Mos. 20, 13.

Abimelech verlangte solche Barmherzigkeit von Abraham, wie er ihm gethan, 1 Mos. 21, 23.

Joseph von dem Schenken, er soll Barmherzigkeit an ihm thun, 1 Mos. 40, 14.

Du (Ruth) hast eine bessere Barmherzigkeit (Liebesthat) hernach gethan, denn vorhin, Ruth 3, 10.

Weil ich Barmherzigkeit an euch gethan habe, daß ihr auch Barmherzigkeit an meines Vaters Hause thut, Jos. 2, 12.

Weise uns, wo wir in die Stadt kommen, so wollen wir Barmherzigkeit an dir thun, Richt. 1, 24.

David soll seine Barmherzigkeit nicht von dem Hause Jonathans reißen, 1 Sam. 20, 15. 2 Sam. 9, 7.

Ist das deine Barmherzigkeit an deinem Freunde? 2 Sam. 16, 12.

Auch den Kindern Barsillai sollst du Barmherzigkeit beweisen, 1 Kön. 2, 7.

Joas gedachte nicht an die Barmherzigkeit etc., 2 Chr. 24, 22.

Esther fand Barmherzigkeit vor Ahasverus, Esth. 2, 9. 17.

Wer Barmherzigkeit seinem Nächsten weigert, der verläßt des Höchsten Furcht, Hiob 6, 14.

Und ließ sie zur Barmherzigkeit kommen, vor Allen, die sie gefangen hatten, Ps. 106, 46.

Darum, daß er (Judas) so gar keine Barmherzigkeit hatte, Ps. 109, 16.

Wer der Barmherzigkeit und Güte nachjagt, der findet das Leben, Barmherzigkeit und Ehre, Sprw. 21, 21.

So bekehre dich nun zu deinem GOtt, halte Barmherzigkeit und Recht, und hoffe stets auf deinen GOtt, Hos. 12, 7.

Richtet recht, und ein Jeglicher beweise an seinem Bruder Güte und Barmherzigkeit, Zach. 7, 9.

Eines Menschen Barmherzigkeit geht allein über seinen Nächsten, Sir. 18, 12.

Wer seinem Nächsten leihet, der thut ein Werk der Barmherzigkeit; und wer Güter hat, der soll solches thun, Sir. 29, 1.

Wer Barmherzigkeit übet, das ist das rechte Dankopfer, Sir. 35, 4.

Wohlthun ist wie ein gesegneter Garten, und Barmherzigkeit bleibet ewiglich, Sir. 40, 17.

Ein Bruder hilft dem andern in der Noth; aber Barmherzigkeit (Mildthätigkeit) hilft viel mehr, Sir. 40, 24.

Ich habe Wohlgefallen an Barmherzigkeit (an den Werken der Liebe), und nicht am Opfer (welche ohne Buße und Glauben an den Messias, ohne Andacht und in äußerlicher Schein-Heiligkeit gebracht werden), Matth. 9, 13.

Wehe euch Schriftgelehrten und lasset dahinten das Schwerste im Gesetz, nämlich das Gericht, die Barmherzigkeit und den Glauben, Matth. 23, 23.

Der die Barmherzigkeit an ihm that (ist sein Nächster gewesen), Luc. 10, 37.

Uebet Jemand Barmherzigkeit, so thue ers mit Lust, Röm. 12, 8.

Ist nun bei euch Ermahnung ist herzliche Liebe und Barmherzigkeit, Phil. 2, 1.

Wenn Jemand das Gesetz Moses bricht, der muß sterben ohne Barmherzigkeit durch zwei oder drei Zeugen, Ebr. 10, 28.

Es wird aber ein unbarmherzig Gericht über den ergehen, der nicht Barmherzigkeit gethan hat, Jac. 2, 13.

Barmherzigkeit Gottes

§. **1.** Ist die Liebe und väterliche Zuneigung GOttes, insofern sie sich auf elende, sündige, hülfsbedürftige Geschöpfe richtet: demnach besonders die Menschen Gegenstand der göttlichen Barmherzigkeit sind; denen er zu helfen nicht allein allezeit bereit und willig ist, sondern auch solche Hülfe liebreich und mächtig erweiset.

§. **2.** Nach dem Ebräischen zeigt es diejenige Zuneigung an, welche eine Mutter gegen ihre Leibesfrucht, die in der Mutter liegt, empfindet; und nach dem Griechischen, da sich gleichsam vor Mitleiden das Eingeweide bewegt, und das Herz zerbrechen will.

§. **3.** GOttes heilige Natur ist zu lauter Erbarmen gegen uns geneigt, Esa. 54, 10. Er hat uns seinen Sohn geschenkt, und in dem Sohn das vollkommene Ebenbild seiner Barmherzigkeit vorgestellt, Luc. 1, 78. 79. und mit ihm lebendig gemacht etc., Eph. 2, 5. er erhört das Gebet seines Volks, Richt. 2, 18. c. 10, 16. und tröstet uns, Esa. 49, 13 etc. Wenn es uns übel geht, so geht ihm unsere Noth gleichsam durch seine heilige Seele, es wallet Alles in ihm, er kann sich nicht zufrieden stellen, bis uns gerathen und geholfen, Jer. 31, 20. Wie sich David über Absolom, 2 Sam. 18, 33. der Vater über den Verlornen Sohn, Luc. 15, 20. 24. erbarmt, so thut auch GOtt, Ps. 103, 13.

Empfindet Hagar Mitleiden über den schmachtenden Ismael, GOtt übertrifft Alles, Esa. 49, 14–16.

Er schützt uns wie ein Adler, 5 Mos. 32, 11. 12. und wie

eine Henne ihre Küchlein, Matth. 23, 37. Seine Barmherzigkeit ist ewig, 2 Chr. 5, 13. c. 7, 3. erstreckt sich über alle Menschen, Sir. 18, 12. Röm. 11, 32. und ist alle Morgen neu, Ps. 92, 3. Ps. 103, 4. Klagel. 3, 22. S. Die Sprüche §. 7. und barmherzig.

§. 4. Der erbarmungsvolle GOtt bittet gleichsam um die Seele des Menschen, er läßt sich nicht abweisen, wenn er auch beschimpft und verhöhnt wird, Hos. 11, 8. Seine Allmacht offenbart sich vornehmlich in Erbarmen und Verschonen. Tauler sagt: Wenn ein Mensch gleich hundert Jahr alt wäre, und hatte alle Tage hundert Todsünden gethan, bekehrte sich aber von ganzem Herzen zu dem lieben frommen GOtt, und gebrauchte in wahrer Bußfertigkeit das hochwürdige Sacrament und die Beichte, so wäre der Allerhöchste willig und bereit, ihm denselben Augenblick alle seine Misshandlungen zu verzeihen und zu vergeben.

§. 5. Die göttliche Barmherzigkeit in Christo ist für den elenden und besonders für den sündigen, verschuldeten Menschen der einzige genügende Trost, der ihn retten, und vor der Verzweiflung verwahren kann. Sie wird dann auch der kräftigste Antrieb, wieder gegen unsre Mitmenschen barmherzig zu sein.

Wer aber diese Gnade auf Muthwillen zieht, Juda 4. in Sünden beharrt, Röm. 6, 1. der wird solche versäumen, Ebr. 12, 15. und bei seiner Unbußfertigkeit, Jer. 3, 12. 15. greulich gestraft werden, Sir. 16, 12.

GOttes Zorn brennt bis in die unterste Hölle, 5 Mos. 32, 22. verschlingt die Bösen, Ps. 21, 10. Ps. 90, 8. ruht nicht, Jer. 30, 24. und hat kein Aufhören, Sir. 5, 7. Röm. 1, 18. c. 2, 5. Siehe Zorn.

§. **6.** Vielweniger haben sich die Teufel, und diejenigen, welche die liebliche Lockstimme des barmherzigen GOttes auf der Welt: Kehre wieder! Jer. 3, 12. 22. so oft vergebens rufen lassen, und sich also durch ihre Sünden in den höllischen Schwefelpfuhl gestürzt, dieser Barmherzigkeit zu getrösten, wie uns solches die göttlichen Wahrheiten wider die unzeitig barmherzigen Brüder sattsam lehren, Esa. 66, 24. Jud. 16, 21. Matth. 3, 12. c. 25, 41. Marc. 9, 41. 46. 48.

§. **7.** Die wichtigsten Sprüche sind:

Lot bittet, GOtt wolle seine Barmherzigkeit groß an ihm machen, 1 Mos. 19, 19.

Und thue Barmherzigkeit an meinem Herrn Abraham, 1 Mos. 24, 12. 14.

Ich bin zu geringe aller Barmherzigkeit und aller Treue, die du an deinem Knechte gethan hast, 1 Mos. 32, 10.

Du hast geleitet durch deine Barmherzigkeit dein Volk, das du erlöset hast, 2 Mos. 15, 13.

Und thue Barmherzigkeit an vielen Tausenden, die mich lieb haben und meine Gebote halten, 2 Mos. 20, 6. 5 Mos. 5, 10.

Der HErr ist geduldig und von großer Barmherzigkeit, 4 Mos. 14, 18.

So sei nun gnädig der Missethat dieses Volks, nach deiner großen Barmherzigkeit, ib. v. 19.

So sollst du nun wissen, daß der HErr, dein GOtt, ein GOtt ist, ein treuer GOtt, der den Bund und Barmherzigkeit hält denen, die ihn lieb haben und seine Gebote

halten, in tausend Glied, 5 Mos. 7, 9. 12. 1 Kön. 8, 23.
2 Chr. 6, 14. Neh. 1, 5. c. 9, 32.

Der HErr thue an euch Barmherzigkeit, wie ihr an den
Todten und an mir gethan habt, Ruth 1, 8.

Aber meine Barmherzigkeit soll nicht von ihm (dem
David) entwandt werden, 2 Sam. 7, 15. 1 Chr. 18, 13.

Laß uns in die Hand des HErrn fallen; denn seine
Barmherzigkeit ist groß, 2 Sam. 24, 14. 1 Chr. 21, 13.

Du hast an meinem Vater David, deinem Knecht, große
Barmherzigkeit gethan, 1 Kön. 3, 6.

GOttes Barmherzigkeit währet ewig, 2 Chr. 5, 13. c. 7, 3.
6. c. 20, 21. Esr. 3, 11.

Aber du, mein GOtt, vergabest, und wärest gnädig,
barmherzig, geduldig, und von großer Barmherzigkeit,
und verließest sie nicht, Neh, 9, 17. Sir. 47, 24.

Noch verließest du sie nicht in der Wüste nach deiner
großen Barmherzigkeit, Neh. 9, 19.

Und errettetest sie nach deiner großen Barmherzigkeit
vielmal, ib. v. 28.

Aber nach deiner großen Barmherzigkeit hast du es nicht
gar aus mit ihnen gemacht, noch sie verlassen, ib. v. 31.

Mein GOtt, gedenke mir deß auch und schone meiner
nach deiner großen Barmherzigkeit, Neh. 13, 32.

Gutes und Barmherzigkeit (die evangelische Gnade)
werden mir folgen mein Lebenlang, und werde bleiben im
Hause des HErrn immerdar, Ps. 23, 6.

Gedenke HErr, an deine Barmherzigkeit, und an deine Güte, die von der Welt her gewesen ist, Ps. 25, 6.

Gedenke nicht der Sünden meiner Jugend – gedenke aber meiner nach deiner Barmherzigkeit etc., ib. 7.

Du aber, HErr, wollest deine Barmherzigkeit von mir nicht wenden, Ps. 40, 12.

GOtt sei mir gnädig nach deiner großen Barmherzigkeit, Ps. 51, 3.

Wende dich zu mir nach deiner großen Barmherzigkeit, Ps. 69, 17.

Hat denn GOtt vergessen, gnädig zu sein, und seine Barmherzigkeit vor Zorn verschlossen? Ps. 77, 10.

Der dein Leben vom Verderben erlöset, der dich krönet mit Gnade und Barmherzigkeit, Ps. 103, 4.

Laß mir deine Barmherzigkeit widerfahren, daß ich lebe, denn ich habe Lust zu deinem Gesetz, Ps. 119, 77.

HErr, deine Barmherzigkeit ist groß, erquicke mich nach deinen Rechten, ib. v. 156.

Wer seine Missethat leugnet, dem wirds nicht gelingen; wer sie aber bekennet, und lässet, der wird Barmherzigkeit erlangen, Sprw. 28, 13.

Ich habe dich einen kleinen Augenblick verlassen, aber mit großer Barmherzigkeit will ich dich sammeln, Esa. 63, 15.

Wer sich rühmen will, der rühme sich deß, daß er mich wisse und kenne, daß ich der HErr bin, der Barmherzigkeit, Recht und Gerechtigkeit übet auf Erden, Jer. 9, 24.

Denn ich habe meinen Frieden von diesem Volk weggenommen, spricht der HErr, sammt meiner Gnade und Barmherzigkeit, Jer. 16, 5.

Ich will euch Barmherzigkeit erzeigen, und mich über euch erbarmen, und euch wieder in euer Land bringen, Jer. 43, 12.

Der HErr hat alle Wohnungen Jacobs ohne Barmherzigkeit vertilgt, Klagel. 2, 2. 17. 21.

Die Güte des HErrn ist, daß wir nicht gar aus sind, seine Barmherzigkeit hat noch kein Ende, Klagel. 3, 23.

Dein aber, HErr unser GOtt, ist die Barmherzigkeit und Vergebung, Dan. 9, 9.

Wir liegen vor dir mit unserm Gebet, nicht auf unsere Gerechtigkeit, sondern auf deine große Barmherzigkeit, ib. v. 18. Bar. 2, 19. 20.

Ich will mich mit dir verloben in Ewigkeit; ich will mich mit dir vertrauen in Gerechtigkeit und Gericht, in Gnade und Barmherzigkeit, Hos. 2, 19.

Aber mein Herz ist anderes Sinnes, meine Barmherzigkeit ist zu brünstig, Jos. 11, 8.

Wenn Trübsal da ist, so denkst du an deine Barmherzigkeit, Habac. 4, (3) 2.

Darum sollen wir uns demüthigen – daß er seines Gefallens Barmherzigkeit an uns erzeigen wolle, Jud. 8, 14.

Die ich (Judith) allein auf deine Barmherzigkeit traue, c. 9, 14.

Denn seine Heiligen sind in Gnaden und Barmherzigkeit, Weish. 3, 9. c. 4, 15.

Aber du, unser GOtt, bist freundlich und treu, und geduldig, und regierst Alles mit Barmherzigkeit, Weish. 15, 1.

Denn seine Barmherzigkeit ist ja so groß, als er selber ist, Sir. 2, 23. Gebet Manasse 6.

O wie ist die Barmherzigkeit des HErrn so groß, und lässet sich gnädig finden denen, so sich zu ihm bekehren, Sir. 17, 28.

Wer kann seine große Barmherzigkeit erzählen? Sir. 18, 4.

GOttes Barmherzigkeit geht über die ganze Welt, Sir. 18, 12.

Gleichwie der Regen wohl kommt, wenn es dürre ist, also kommt die Barmherzigkeit auch in der Noth zu rechter Zeit, Sir. 35, 26.

Da gedachte ich, HErr, an deine Barmherzigkeit, wie du allezeit geholfen hast, Sir. 51, 11. 4.

Freuet euch der Barmherzigkeit GOttes, und schämet euch seines Lobens nicht, Sir. 51, 37.

Selig sind die Barmherzigen, denn sie werden Barmherzigkeit erlangen, Matth. 5, 7.

Und seine Barmherzigkeit währet immer für und für, bei denen, die ihn fürchten, Luc. 1, 50.

Er denkt der Barmherzigkeit, und hilft seinem Diener Israel auf, ib. v. 54.

An Elisabeth hat der HErr große Barmherzigkeit gethan, ib. v. 58.

Und die Barmherzigkeit erzeigte unsern Vätern, und gedächte an seinen heiligen Bund, ib. v. 72.

Durch die herzliche Barmherzigkeit unseres GOttes, durch welche uns besucht hat der Aufgang aus der Höhe, ib. v. 78.

Also auch jene (Juden) haben jetzt nicht wollen glauben an die Barmherzigkeit, die euch widerfahren ist, auf daß sie auch Barmherzigkeit überkommen (wenn sie sich bekehren), Röm. 11, 31.

Ich ermahne euch, lieben Brüder, durch die Barmherzigkeit GOttes, Röm. 12, 1.

Ich sage aber meine Meinung, als ich Barmherzigkeit erlangt habe von dem HErrn, treu zu sein, 1 Cor. 7, 25.

Gelobt sei GOtt, und der Vater unsers HErrn JEsu Christi, der Vater der Barmherzigkeit, und GOtt alles Trostes, 2 Cor. 1, 3.

Aber GOtt, der da reich ist von Barmherzigkeit, Eph. 2, 4.

Der ich zuvor war ein Lästerer – aber mir ist Barmherzigkeit widerfahren, 1 Tim. 1, 13.

Meinem lieben Sohn Timotheus Gnade und Barmherzigkeit, 2 Tim. 1, 2. 1 Tim. 1, 2. Juda 2.

Der HErr gebe Barmherzigkeit dem Hause Onesiphorus, 2 Tim. 1, 16.

Nicht um der Werke willen, der Gerechtigkeit, die wir gethan hatten, sondern nach seiner Barmherzigkeit machte er uns selig etc., Tit. 3, 5.

Der uns nach seiner Barmherzigkeit wiedergeboren hat, 1 Petr. 1, 3.

Laßt uns hinzutreten mit Freudigkeit zu dem Gnadenstuhl, auf daß wir Barmherzigkeit empfangen und Gnade finden, auf die Zeit, wenn uns Hülfe noth sein wird, Ebr. 4, 16.

Und behaltet euch in der Liebe GOttes, und wartet auf die Barmherzigkeit unseres HErrn JEsu Christi, zum ewigen Leben, Juda v. 21.

Erbarmen

§. 1. Drückt nach dem Hebräischen die innerliche Gemüthsbewegung aus, welche Eltern, besonders Mütter über ihre Kinder empfinden. Wenn sie dieselben in Noth sehen, so gehet ihnen ihr Unglück so zu Herzen, daß sich all ihr Eingeweide im Leibe bewegt. S. Barmherzigkeit.

§. 2. Von GOtt. (S. Barmherzigkeit GOttes) Obgleich GOtt solcher Schmerzensempfindung, wie die Mütter, nicht unterworfen, so ist doch die inbrünstige Mutterliebe ein treffliches Bild der unergründlichen Barmherzigkeit GOttes gegen die Seinen. GOtt erfreut durch seine Erbarmung mit Trost, Hülfe und Abwendung alles, sowohl des geistlichen und leiblichen, als auch des zeitlichen und ewigen Unglücks, und geht damit über alle Menschen, indem sie GOtt nicht bloß nach ihrer Beschränktheit, Schwachheit und Bedürftigkeit, sondern hauptsächlich nach ihrem Sündenelende, in welches sie durch Verführung gerathen sind, und so als Bemitleidenswerthe betrachtet und behandelt.

So wird der HErr, dein GOtt, dein Gefängniß wenden, und sich deiner erbarmen, 5 Mos. 30, 3. Über seine Knechte wird er sich (wieder) erbarmen, c. 32, 36.

GOtt hat sich über Israel erbarmet, 2 Kön. 13, 23. Jer. 12, 15. Zach. 10, 6.

Gedenke nicht unserer vorigen Missethat; erbarme dich unser bald, Ps. 79, 8. Du wollest dich aufmachen, und über Zion erbarmen, Ps. 102, 14.

Wie sich ein Vater über Kinder erbarmet, so erbarmet sich der Herr über die, so ihn fürchten, Ps. 103, 13. Der

HErr ist Allen gütig, und erbarmet sich aller seiner Werke, Ps. 145, 9.

Der HErr wird sich über Jacob erbarmen, Esa. 14, 1. Darum wird sich auch ihrer nicht erbarmen, der sie gemacht hat, Esa. 27, 11. Und hat sich aufgemacht, daß er sich euer erbarme, Esa. 30, 18.

Der HErr hat sein Volk geströstet, und erbarmet sich seiner Elenden, Esa. 43, 13. Ich habe mein Angesicht – aber mit ewiger Gnade will ich mich deiner erbarmen, spricht der HErr, dein Erlöser, Esa. 54, 8.

Der Gottlose lasse von seinem Wege – und bekehre sich zum HErrn, so wird er sich seiner erbarmen, und zu unserm Gott, denn bei ihm ist viel Vergebung, Esa. 55, 7. In meinem Zorn habe ich dich geschlagen, und in meiner Gnade erbarme ich mich über dich, Esa. 60, 10. Wer will sich denn deiner erbarmen, Jerusalem? Jer. 15, 5. Ich bin des Erbarmens müde. ib. v. s. Siehe ich will das Gefängniß der Hütten Jacobs wenden, und mich über seine Wohnung erbarmen, Jer. 30, 16. Ist nicht Ephraim mein theurer Sohn - darum bricht mir mein Herz gegen ihn, daß ich mich seiner erbarmen muß, spricht der HErr, Jer. 31, 20. Ich will ihr Gefängniß wenden, und mich über sie erbarmen, c. 33, 26. Ezech. 39, 25. Ich will euch Barmherzigkeit erzeigen, und mich über euch erbarmen, und euch wieder in euer Land bringen, Jer. 42, 12. Er betrübet wohl, und erbarmet sich wieder nach seiner großen Güte. Klagel. 3, 32. Ich will mich nicht mehr über das Haus Israel erbarmen, sondern ich will sie wegwerfen, Hos. 1, 6.

Ich will mir sie auf Erden zum Samen behalten, und mich erbarmen über die, so in Ungnaden waren, Hos. 2, 23.

HErr Zebaoth, wie lange willst du denn dich nicht erbarmen über Jerusalem? Zach. 1, 12. Du erbarmest dich über Alles (alle nämlich Menschen), denn du hast Gewalt über Alles, Weish. 11, 24. HErr, erbarme dich unserer, daß wir beide gesund mögen unser Alter erlangen, Tob. 8, 10. Darum erbarmet er sich desto reichlicher über sie, Sir. 18, 14.

Er erbarmet sich Aller, die sich ziehen lassen, und fleißig Gottes Wort hören, Sir. 16. 14. Gott hat Alles beschlossen unter den Unglauben, auf daß er sich Aller erbarme, Röm. 11, 32. (S. beschließen Z. 3.) Er (Epaphroditus) war zwar todtkrank, aber GOtt hat sich über ihn erbarmet, Phil. 2, 27.

§. 3. I) Wenn sich GOtt erbarmet, wessen er will, und verstockt, wen er will, so geschieht es von ihm, als einem Vater und Richter, wenn er seine Gnade und deren reiche Mittheilung aus gerechten und heiligen Ursachen diesem angedeihen läßt, jenem aber entzieht. Deswegen bleibt doch sein Wille weise und heilig, obgleich unsre Schwachheit die Ursachen in allen Fällen und Umständen nicht einsieht. S. Röm 11, 33. GOtt kann seine Gnadenvorzüge, unbeschadet seiner Heiligkeit und Gerechtigkeit, geben und wieder nehmen, und Niemand darf fragen: was machst du?

Und gleichwie die Ordnung des Heils nicht von menschlichem Gutdünken, sondern GOttes freier Gnadenanstalt herkommt; so liegt es nicht an Jemandes Wollen und Laufen, sondern an GOtts Erbarmen; mit welchen Worten Paulus deutlich lehrt, daß er nicht von göttlicher Ordnung, die er nach seinem freien Willen in dem Werke des Heils gemacht, rede; sondern nur eigenes Verdienst und Würdigkeit ausschließe. Aus dieser Ursache führt er in Röm. 9. auch die Beispiele an; ja der Streit mit den Juden ging dahin, ihnen zu zeigen, v. 30. daß, wenn GOtt in so vielen besonderen Fällen mit Austheilung seiner Gnade und Strafe seine freie Hand bewiesen und doch dabei gerecht verfahren habe; so habe er ja auch allerdings freie Gewalt gehabt, nach seiner Weisheit ein Mittel der Gerechtigkeit und Seligkeit, nämlich den Glauben, welchen wir unserer Seits zu ergreifen haben, und nicht die Werke oder andere den Juden beliebige Vorzüge, zu verordnen. GOtt darf Niemand vorschreiben. Eben dadurch, daß die Juden es thun wollen, sei es geschehen, daß sie sich der Gnade verlustig gemacht, welche hingegen den Heiden, die sich durch wahre Buße im Glauben nach GOttes Willen und Ordnung zu ihrem Heil recht leiten und führen lassen, angediehen. (Paulus redet hier von der Mittheilung einer besonderen Offen-barungs- und Erlösungsanstalt, und mithin von der Wahl eines Volkes zum Volke GOttes; dies ist eine reine Gnadensache, die kein Volk als ein Recht von GOtt fordern oder durch eigenes Verdienst sich erwerben kann. Dies verkannten die Juden, und wollten aus Gnade ein Recht machen.

Eben daraus folgt aber auch, daß GOtt dem, der dieser Gnadenwohlthat sich ganz unwürdig beweist, dieselbe wieder entziehen, und ihn so in Verhärtung gerathen lassen kann.) (S. auch Verstockung.) Welchem ich gnädig bin, dem bin ich gnädig, und welches ich mich erbarme, des erbarme ich mich, Röm. 9, 15. 2 Mos. 33, 19. So liegt es nun nicht an Jemandes Wollen oder Laufen, sondern an GOttes Erbarmen, v. 16. So erbarmet er sich nun, welches er will, und verstocket, welchen er will. v. 18.

§. 4. II) Von Christo, dem Gottmenschen, welcher flehentlich gebeten wurde, daß er sich der Elenden erbarmen wolle, Marc. 5, 19. Ach du Sohn Davids, erbarme dich unser, schreien zwei Blinde, Matth. 9, 27. Von dem cananäischen Weibe: Ach HErr, du Sohn Davids, erbarme dich meiner, Matth. 15, 22. HErr erbarme dich über meinen Sohn, denn er ist mondsüchtig, Matth. 17, 15. Kannst du aber was, so erbarme dich unser, und hilf uns, Marc. 9, 22. Bartimäus: JEsu, du Sohn Davids, erbarme dich meiner, Marc, 10. 47. Zehn Aussätzige: JEsu, lieber Meister, erbarme dich unser, Luc. 17, 13.

§. 5. III) Von Menschen. S. Barmherzigkeit, 5 Mos. 13, 6. Gesegnet seid ihr dem HErrn, daß ihr euch meiner (Sauls) erbarmet habt, 1 Sam. 23, 2l. Erbarmet euch meiner, erbarmet euch meiner, ihr meine Freunde; denn die Hand Gottes hat mich gerühret, Hiob 19, 21. Niemand müsse ihm Gutes thun; und Niemand erbarme sich seiner Waisen, Ps. 109, 12. Der Gerechte erbarmet sich seines Viehes, Sprw. 12, 10. Wohl dem, der sich der Elenden erbarmet, Sprw. 14, 21. Wer sich des Armen erbarmet, der ehret GOtt, ib. v. 31. Kann auch ein Weib ihres Kindes vergessen, daß sie sich nicht erbarme über den Sohn ihres Leibes? Esa. 49, 15. Gib dem Gottesfürchtigen, und erbarme dich des Gottlosen nicht, Sir. 12, 4. Das ist ein böser Mensch, der nicht sehen mag, daß man den Leuten Gutes thut; sondern wendet sein Angesicht weg, und erbarmet sich Niemandes, Sir. 14, 8. Solltest du denn dich nicht auch erbarmen über deinen Mitknecht, wie ich mich über dich erbarmet habe? Matth. 18, 33. Vater Abraham, erbarme dich meiner Luc. 16, 24. So ziehet nun an, als die Auserwählten GOttes, Heiligen und

Geliebten, herzliches Erbarmen (welches durch wirkliche Hilfeleistung geschieht), Freundlichkeit, Demuth, Sanftmuth, Geduld, Col. 3, 12. Und haltet diesen Unterschied, daß ihr euch Etlicher (die an Schwachheit sündigen) erbarmet, Br. Jud. 22.

Erbarmer

Diesen Namen führet der grundgütige GOtt wegen seiner unaussprechlichen Liebe und Barmherzigkeit gegen die elenden Menschen, welchen er aus Gnaden die Sünden vergibt, das zugeschickte Übelerleichtert, auch wohl gar aufhebt, und ihnen neue und väterliche Wohltaten erzeigt. (S. Erbarmen §2.)

Denn ihr Erbarmer wird sie führen, und an die Wasserquellen (des Evangeliums) leiten, Esa. 49, 10.

Es sollen wohl Berge und Hügel hinfallen; aber meine Gnade soll nicht von dir weichen und der Bund meines Friedens soll nicht hinfallen, spricht der HErr, dein Erbarmer, Esa. 54,10.

Der HErr ist barmherzig, und ein Erbarmer, Jac. 5, 11.

(www.retrobibliothek.de)

Professor Pater Dr. George Augustin SAC
stammt aus Palai (Kerala / Indien). Nach dem Studium der Theologie,
Philosophie und Biologie in Nagpur trat er 1978 in die Ordensgemein-
schaft der Pallottiner ein und wurde 1981 zum Priester geweiht. Es
folgten Jahre in der Missionsarbeit in Nordindien. Parallel setzte
George Augustin sein Philosophie- und Theologiestudium fort, das er
1984 mit dem Magister of Arts an der Universität Ranchi abschloss.
1992 wurde er an der Universität Tübingen unter Walter Kasper
promoviert. Seit 1994 ist er im Bistum Rottenburg-Stuttgart als
Priesterseelsorger tätig. Nach seiner Habilitation 2003 an der Philoso-
phisch-Theologischen Hochschule Vallendar wurde er dort 2004 zum
Professor für Fundamentaltheologie und Dogmatik ernannt. 2005
gründete er das »Kardinal Walter Kasper Institut für Theologie,
Ökumene und Spiritualität« in Vallendar, das er seitdem als Direktor
leitet. 2008 wurde George Augustin als Konsultor in den Päpstlichen
Rat zur Förderung der Einheit der Christen berufen.

M. Gottfried Büchner, protestantischer Theologe, geb. 1701 zu
Niedersdorf im Amte Eisenberg, studierte von 1718 an zu Jena
Theologie, seit 1725 wirkte er ebendort als akademischer Dozent und
ward später Rektor der Stadtschule zu Querfurt, wo er 1780 starb. Er
verfasste eine Reihe von kleineren theologischen Abhandlungen (vgl.
Meusel, Lex.), und hat sich besonders bekannt gemacht durch seine
„Biblische Real- und Verbal-Hand-Concordanz oder exegetisch-homiletisches Lexikon, darin die verschiedenen Bedeutungen der Wörter
und Redensarten angezeigt, die Sprache der ganzen heil. Schrift
sowohl den nominibus als auch verbis und adtivis nach, ohne weiteres
Nachschlagen, ganz gelesen; ingleichen die eigenen Namen, als
Länder, Städte, Patriarchen, Richter, Könige, Propheten, Apostel und
andere angeführt, die Artikel der christlichen Religion abgehandelt,
ein sattsamer Vorrat zur geistlichen Rede-Kunst dargereichet und was
zu Erklärung dunkler und schwerer Schriftstellen nützlich und nötig,
erörtert wird." Jena 1740. Der lange Titel kennzeichnet hinreichend
den Zweck dieses vielgebrauchten, in neuerer Zeit von A. Heinrich
Bernhard Heubner überarbeiteten Werkes (13. Aufl. 1869), welches
sich von den früheren Concordanzen, vorwiegend Spruchsammlungen,
am meisten durch Einfügung vieler dogmatischer Erörterungen unter-
scheidet. Der Verfasser ließ selbst 1750 eine größere „Biblische Real-
und Verbal-Concordanz etc." in Quart erscheinen, die aber keine so
weite Verbreitung fand. (Plitt, Gustav Leopold, „Büchner, Gottfried",
in: Allgemeine Deutsche Biographie 3 [1876], S. 490 [Onlinefassung]
http://www.deutsche-biographie.de/pnd133123235.html?anchor=adb)

Prof. Dr. Thomas Söding lehrt seit 2008 an der Ruhr-Universität-Bochum (RUB) Neues Testament. Zuvor war er von 1993 bis 2008 Professor für Biblische Theologie an der Universität Wuppertal. Seine akademische Ausbildung erhielt er mit dem Studium der Kathol. Theologie, Germanistik und Geschichte an der Universität Münster. 1979 legte er das Diplom in Theologie, 1980 das Erste Staatsexamen in Germanistik ab. 1985 wurde seine Dissertation über den Glauben bei Markus, 1991 seine Habilitationsschrift über das Liebesgebot bei Paulus in Münster angenommen. Die Schwerpunkte seiner Arbeit in Forschung und Lehre sind die Exegese der Evangelien, die paulinische Theologie, die Theorie und Praxis der Schriftauslegung sowie die Ökumene. Thomas Söding ist Mitglied zahlreicher wissenschaftlicher und kirchlicher Gremien, darunter der Akademie der Wissenschaften des Landes Nordrhein-Westfalen. Von 2004 – 2014 war er Mitglied der Internationalen Theologischen Kommission im Vatikan. Er ist Berater der Glaubenskommission der Deutschen Bischofskonferenz und Konsultor des Päpstlichen Rates für die Neuevangelisierung und seit 2015 Vorsitzender des Deutschen Ökumenischen Studienausschusses beim Arbeitskreis Christlicher Kirchen (ACK).